MENSAGENS
DO CORAÇÃO

JOAN CHITTISTER

MENSAGENS DO CORAÇÃO

*Os muitos caminhos
para uma vida mais plena*

Dados Internacionais de Catalogação na Publicação (CIP)
(Câmara Brasileira do Livro, SP, Brasil)

Chittister, Joan
Mensagens do coração : os muitos caminhos para uma vida mais plena / Joan Chittister ; tradução de Claudia Santana Martins. – São Paulo : Paulinas, 2020.
120 p. (Fonte de vida)

ISBN 978-85-356-4538-5
Título original: Aspects of the heart: the many paths to a good life

1. Mensagens 2. Autoajuda 3. Vida cristã 4. Vida espiritual 5. Orações I. Título II. Martins, Claudia Santana III. Série

20-2256 CDD 241.4

Índice para catálogo sistemático:
1. Mensagens 241.4

Angélica Ilacqua - Bibliotecária - CRB-8/7057

1ª edição – 2020
1ª reimpressão – 2023

Direção-geral: *Flávia Reginatto*
Editora responsável: *Marina Mendonça*
Tradução: *Claudia Santana Martins*
Copidesque: *Ana Cecilia Mari*
Coordenação de revisão: *Marina Mendonça*
Revisão: *Sandra Sinzato*
Gerente de produção: *Felício Calegaro Neto*
Capa e diagramação: *Tiago Filu*

Nenhuma parte desta obra poderá ser reproduzida ou transmitida por qualquer forma e/ou quaisquer meios (eletrônico ou mecânico, incluindo fotocópia e gravação) ou arquivada em qualquer sistema ou banco de dados sem permissão escrita da Editora. Direitos reservados.

Cadastre-se e receba nossas informações
www.paulinas.com.br
Telemarketing e SAC: 0800-7010081

Paulinas
Rua Dona Inácia Uchoa, 62
04110-020 – São Paulo – SP (Brasil)
📞 (11) 2125-3500
✉ editora@paulinas.com.br
© Pia Sociedade Filhas de São Paulo – São Paulo, 2020

*Acima de tudo, guarde o seu coração,
pois dele depende toda a sua vida.*

Provérbios 4,23

Sumário

Prefácio 9
O coração 13
Um coração atento 15
Um coração partido..17
Um coração festivo..19
Um coração misericordioso...................................21
Um coração conectado 23
Um coração em transformação..............................25
Um coração cósmico..27
Um coração criativo 29
Um coração que deseja 31
Um coração judicioso...33
Um coração que duvida 35
Um coração perseverante 37
Um coração evolutivo 39
Um coração livre 41
Um coração talentoso...43
Um coração sofredor..45
Um coração arrebatado 47
Um coração ecológico 49
Um coração nostálgico 51
Um coração esperançoso 53
Um coração hospitaleiro 55
Um coração humano..57

Um coração humilde 59
Um coração imperfeito 61
Um coração amigo 63
Um coração batalhador 65
Um coração alegre 67
Um coração bondoso 69
Um coração amoroso 71
Um coração atento 73
Um coração místico 75
Um coração que não julga 77
Um coração aberto 79
Um coração apaixonado 81
Um coração paciente 83
Um coração pacífico 85
Um coração devoto 87
Um coração resoluto 89
Um coração questionador 91
Um coração reflexivo 93
Um coração com cicatrizes 95
Um coração que busca 97
Um coração autocompreensivo 99
Um coração silencioso 101
Um coração simples 103
Um coração estável 105
Um coração confiante 107
Um coração verdadeiro 109
Um coração desacorrentado 111
Um coração compreensivo 113
Um coração sábio 115

Prefácio

Foi anos atrás, quando meu coração estava estilhaçado de tristeza, pela súbita perda de meu marido e minha filha em um acidente de automóvel, que descobri pela primeira vez o poder do coração humano. Encontrar o "sim" do coração, a sua disposição não apenas de seguir em frente, mas de vivenciar plenamente a grande força do amor que perpassa a vida, era um grande desafio. Só décadas depois, alguém usaria palavras que enfatizavam aquele momento: *há duas coisas de grande importância na vida: a sua intenção e a abertura do coração.*

Infelizmente, não há livros nessa escola. Para aprender sobre o coração humano, todos dependemos das experiências da vida e dos guias que encontramos ao longo do caminho. Com o tempo, alguns de nós começamos a investigar por nós mesmos, permitindo que a jornada desperte muitos questionamentos. Quer decidamos ir mais fundo ou não, nenhum de nós escapa ao convite do coração. Às vezes, o coração grita a sua sabedoria, mas, com muita frequência, ele nos envia mensagens tão silenciosas que corremos o risco de não as ouvir. Algo parece claro: para ajudar que o impulso de amor encontre o seu caminho neste mundo, precisamos desenvolver uma relação diferente e mais profunda com o coração. Precisamos arriscar nossa própria vulnerabilidade e responder ao seu chamado. Precisamos aprender que o que quer que nos leve ao limite de nossas forças, existe para o nosso próprio bem.

Nestas belas e breves reflexões, Joan nos convida a sentar à mesa do mundo e decidir o que nosso coração irá servir. Com sabedoria, ela lembra ao leitor que "não existe ato isolado". Cada um de nós é responsável por "fazer tudo o que pudermos para tornar o mundo completo". Apesar disso, não é necessário fazer algo heroico. Ao fazer uma peregrinação ao coração, não lutamos primeiro contra os problemas e injustiças do mundo; enfrentamos primeiro o amor lutando para vencer as nossas próprias circunstâncias especiais. Notamos quão fácil e automaticamente o coração começa a se fechar, quando nos sentimos ameaçados de algum modo. Notamos que levar o amor onde houver o ódio, como São Francisco pregou, não é para os fracos de coração. Mas o resultado de nosso esforço para viver a vida plenamente é que nós mesmos nos tornamos o espaço através do qual o amor pode se mover no mundo. Precisamos fazer apenas uma coisa: deixar que o coração nos chame de volta ao amor.

Estas páginas irão ajudá-lo a reconhecer muitas características do coração: *Um coração bondoso. Um coração humilde. Um coração que não julga. Um coração festivo. Um coração confiante...* Elas irão lhe dar a certeza de que as tempestades da vida são o local exato para procurar a Deus. Elas levarão à compreensão de que "a verdadeira paz exige a resistência ao mal. Mas não por meios maléficos". Elas mostrarão que você deve "correr o risco de se renovar". Elas o ajudarão a reconhecer e valorizar o tesouro que é seu.

As poderosas, hábeis e proféticas reflexões de Joan são como um manual de instruções para entender o poder do coração e a força do amor. Sua sabedoria acumulada se torna o texto subliminar que nos lembra de que, embora a prática devotada de dizer "sim" ao amor não consiga fazer com que nossos problemas desapareçam, isso *vai* nos ajudar a reconhecer a Luz que se move através da escuridão, capaz de infiltrar-se em nossas lutas, quando acontecerem. No ato de abrir o coração, a profunda e transformadora quietude de Deus começa a se mover. Viva nos limites do seu coração, Joan nos diz. Como ela continua fazendo isso na própria vida, essas mensagens têm grande poder. Ditas com a autenticidade de sua considerável contribuição ao mundo, a sua advertência de que "Hoje é a vida toda. Não a desperdice" se torna a voz norteadora desses potentes ensinamentos. Vá devagar, ela nos lembra. Olhe ao redor. Viva a vida profundamente. Ela está disponível a todos nós.

Paula D'Arcy

O coração

Tudo o que fazemos na vida, as Escrituras nos lembram, é guardado como um tesouro no coração. As ideias, com que enchemos nosso coração, determinam a forma como vivemos nossa vida. Essas são as fontes a que recorremos nos momentos em que precisamos penetrar fundo em nós mesmos em busca de caráter, coragem, resistência e esperança. É por isso que o que lemos, o que vemos e o que fazemos em nosso dia a dia conta tanto na vida.

O coração não é uma flecha. É um amálgama de ímãs, todos puxando em direções diferentes. É compromisso com a família, compromisso consigo mesmo, compromisso com o sucesso, compromisso com a vida, compromisso com Deus, compromisso com a segurança, compromisso com a aprovação – tudo embaralhado, confuso e complicado. A bondade é a habilidade de escolher um entre os outros, quando importa.

E quando realmente importa? Importa quando a vida de outra pessoa será prejudicada, se não reunirmos coragem para fazer a escolha certa nesta situação, neste momento, neste lugar.

O antigo patriarca budista do Camboja, Maha Ghosananda, viu toda a sua família ser morta pelo Khmer Vermelho – seguidores do Partido Comunista, responsáveis por um regime genocida no país.

Foi ele quem iniciou as marchas pela paz, através das áreas rurais, ocupadas pelo Khmer Vermelho, na esperança de levar o Camboja à reconciliação. Isso é bondade.

A coragem pode ser uma virtude oculta. A fé pode ser pessoal. A bondade é um tipo de traço de caráter que, contudo, não pode ser praticado a sós. Bondade exige postura pública. Para ser bom, é preciso ser bom para alguém mais. E, talvez, o mais essencial de tudo para a natureza da bondade seja o fato de que não escolher – não se envolver, não decidir, não se preocupar – é a escolha mais séria de todas.

Uma pessoa boa tira coisas boas do tesouro do coração.

(Lucas 6,45)

Um coração atento

Uma coisa é receber de Deus a vida. Outra coisa é viver de forma que seja um tributo às possibilidades da vida.

Enquanto estamos trabalhando duro, correndo demais, comprando tanto e planejando "o futuro", o dia de hoje passa sem que notemos. A vida passa sem que percebamos. Torna-se uma lista de coisas que gostaríamos de fazer – mas que não fazemos: ir ao teatro, visitar os parentes, convidar os vizinhos para um churrasco, sentar-se à margem do rio e pescar, escutar a suave e calma voz de Deus em nosso coração. Mas, se é assim, o que são realmente todas aquelas outras coisas?

Para a vida ser vida, devo praticar pelo menos uma ação por dia para minha alma, uma ação por dia para meu coração, uma ação por dia para minha mente. Conte essas ações todos os dias, durante um mês, e saberá o que está faltando em você, quando disser a si mesmo: "Há algo de errado comigo, mas não sei o que é".

A chave para o dia de hoje é vivê-lo bem, vivê-lo com alegria, vivê-lo com surpresa. Algo de bom vai acontecer. Tudo o que temos de fazer é reconhecê-lo, quando chegar a hora. A boa vida é a vida em que cada uma de suas dificuldades foi vivida com um coração bom, a mente aberta e com a fé que nos diz que Deus está por trás de cada nova e diferente porta.

Hoje é a vida toda. Não a desperdice.

Vivamos de tal modo que, quando morrermos, até o agente funerário fique triste.

(Mark Twain)

Um coração partido

Muitas coisas na vida fazem com que um coração se parta. Súbitas explosões de beleza fazem com que as escamas caiam dos olhos. Começamos a ver de modo diferente. Uma rosa suportando a neve do início do inverno faz isso sempre.

A angústia sepulcral com certeza estorvará nossos passos, fazendo-nos pensar novamente no que é a vida, sacudindo nossos alicerces.

A paixão dá à vida um dourado mais brilhante do que jamais poderíamos imaginar. Deixa-nos cheios de assombro, cheios de fé, cheios da consciência de um universo sorridente.

Aflições prolongadas, lentas, tenazes – uma criança cujo problema ninguém consegue diagnosticar, uma carteira sempre vazia, a distância de alguém de quem esperaríamos ajuda –, podem ser um desafio. Com o tempo, o coração seca pela falta de nutrição, e as fissuras começam a se formar. Então, o que acontece conosco? Tudo depende do que estivemos depositando em nosso coração ao longo dos anos. Se for a Sagrada Escritura, saberemos que Deus está conosco agora, pois ele sempre esteve ativo no mundo desde o início dos tempos. Se tivermos permanecido próximos ao relato da presença de Deus na vida, aguentaremos qualquer aflição, sobreviveremos a qualquer perda, absorveremos toda beleza existente sem morrer devido à sua glória estonteante, e nos entregaremos ao outro lado do amor – o lado que dá tanto quanto recebe.

Um rabino sempre dizia a seu povo que, se estudassem a Torá, a Sagrada Escritura pousaria em seus corações. Um deles perguntou: "Por que 'pousaria' em nosso coração, e não 'entraria'?". O rabino respondeu: "Somente Deus pode fazer a Sagrada Escritura entrar nos corações. Mas, lendo o texto sagrado, ele pousará sobre seus corações, e então, quando o coração se partir, as palavras sagradas cairão lá dentro".

Um coração festivo

Se você quer saber se está levando ou não uma vida equilibrada, pergunte a si mesmo se os seus banquetes e jejuns – o seu senso de louvor e confiança – estão em boa proporção.

Aprender a celebrar a vida é uma das melhores lições que uma pessoa pode aprender. As celebrações são uma desculpa para desfrutar o mundo e possibilitar que outros façam o mesmo. Quando pontuamos nossa vida com dias de banquete, programados ou não, lembramo-nos de que somos capazes de criar a alegria tanto quanto de esperá-la.

No mundo atual, somos condicionados a pensar que reservar um tempo para comermos juntos, para fazermos de uma refeição um evento e não um ato, é algo que rouba tempo de afazeres importantes em nossa vida. Talvez seja exatamente por isso que estamos tão confusos quanto ao que é realmente importante na vida. Amar a boa comida é uma medida de nosso amor à vida. O preparo da comida nos ensina a fazer todo o possível para tornar a vida saborosa, bem temperada, reconfortante, cheia de amor.

Uma deliciosa torta de chocolate e um peru de Natal, uma saborosa ceia de Ano-Novo com lombo recheado, sanduíches feitos com pão fresquinho e crocante e um bom vinho para acompanhar, a refeição semanal com um grupo de amigos, os feriados, aniversários, piqueniques e os pratos favoritos da família servem para nos lembrar da glória de Deus, da bondade de Deus, da bem-aventurança da vida. Essa é a prova de que a vida, no fim das contas, é sempre boa.

Ser celebrado é ser amado de modo extravagante. Celebrar é um imperativo divino. Ele diz: "Não deves ignorar as alegrias da vida".

Uma das melhores coisas da vida é que, periodicamente, devemos parar o que quer que estejamos fazendo e dar atenção à comida.

(Luciano Pavarotti)

Um coração misericordioso

É fácil ser religioso; é difícil ser espiritual. Uma vida religiosa requer que sejamos justos uns com os outros. Uma vida espiritual exige que sejamos misericordiosos uns com os outros.

Para ser profundamente espiritual, integralmente misericordioso, devemos nos lembrar de que a pessoa necessitada é apenas outra versão de nós mesmos que talvez ainda não tenhamos encontrado na vida, mas que algum dia certamente encontraremos.

O mundo não vai se curar sozinho. Apenas um coração misericordioso pode fazer isso.

A misericórdia lubrifica a astronomia da condição humana. Coloca-nos em contato com o outro, revela a luz em cada um e a expande até o mundo brilhar com um novo tipo de compreensão, um tipo melhor de comunidade humana.

O conhecimento faz muito pouco pela vida. É a misericórdia que a torna suportável, que transmite o tipo de visão que dá a todos uma razão para viver.

Nenhum de nós está aqui só para si mesmo. Essa é a lição mais importante da vida. A misericórdia, para ser real, precisa ser universal, não seletiva. Não posso alegar ser misericordioso, se deixo alguém fora do alcance da minha compaixão. Só se meu coração for grande o suficiente e minha visão ampla o bastante, posso esperar ser maior do que a minha própria agenda de compromissos. Então, terei algo pelo qual valerá a pena viver, dar, sofrer, sempre. Então, serei um presente para o resto da humanidade.

A solicitude é que dá à vida

a sua significação mais profunda.

(Pablo Casals)

Um coração conectado

O hinduísmo ensina que tudo o que foi criado vem da quebra do Ovo Divino. Somos todos, portanto, fragmentos do Divino e vinculados a tudo o que existe na vida.

Não existe ato isolado. Não é verdade que nada do que fazemos importa, que somos impotentes, que não temos nada a ver com as grandes coisas da vida. Sem as pequenas coisas, as grandes coisas da vida se deterioram – como o casamento, a paz mundial e o ecossistema.

O que nós mesmos não fazemos bem, não pode ser feito por outra pessoa. É por isso que tudo o que fazemos – lavar a louça, cuidar do bebê, doar alimentos, visitar os idosos, ajudar um colega, dar um presente, cuidar do quintal – é tão importante.

Não existe ser "neutro". Ou somos a favor de algo e contribuímos para o seu crescimento ou somos contra algo e resistimos a ele. Até o "não fazer nada" é fazer alguma coisa. Com o nosso silêncio, encorajamos ou dificultamos exatamente aquilo a respeito do qual alegamos ser neutros.

A harmonia não resulta de nos opormos a participar e, assim, recusarmo-nos a fazer nossa parte no mundo. Resulta de fazermos tudo o que podemos para tornar o mundo completo. Não somos mundos em nós mesmos, partes indivisíveis em órbita ao redor umas das outras. Pois até aquela pessoa por quem passamos em um corredor é afetada por nós de um jeito ou de outro. Nós poluímos ou purificamos um ambiente. Não há outra escolha.

Uma vez que percebemos que tudo está conectado, entendemos o propósito da vida. O nosso próprio e o de todos os demais.

Cada pequena tarefa da vida cotidiana é parte da harmonia total do universo.

(Santa Teresinha do Menino Jesus)

Um coração em transformação

A mudança é muito difícil. Exige que aceitemos, de braços abertos e com coração confiante, que o Deus que nos amparava ontem ainda estará lá amanhã.

Nem mesmo a vida espiritual é imutável. Ao contrário, nada exige mais humildade de nós do que a disposição de nos abrirmos ao desconhecido, para que Deus possa completar em nós o que iniciou.

Abrir mão daquilo de que passamos a depender nunca é fácil. Mas sempre propicia crescimento. Mantém-nos jovens, vibrantes e ocupados. Torna-nos importantes, em vez de apenas convencionais. Sagrados, em vez de meramente farisaicos.

Quando simplesmente fechamos nossa mente às novas possibilidades – sem sequer nos preocuparmos em refletir sobre as novas questões a partir das quais novas formas estão emergindo –, nós nos enterramos em um mundo muito pequeno chamado medo, controle e esclerose espiritual.

A transformação é o que possibilita que nos tornemos o melhor que podemos ser. Liberta-nos daquilo que nos escravizou. O crescimento humano não é absoluto nem certo. É uma viagem na selva do ego, com a intenção de encontrar um caminho para fora dele, mais forte, mais pleno e mais pacífico do que antes. É a aventura de uma vida. Como o mestre do deserto Abba Poemen disse sobre Abba Pior: "Cada novo dia é um novo começo para ele".

Insistir em uma prática espiritual

que o ajudou no passado

é carregar a jangada às costas

depois de ter atravessado o rio.

(Buda)

Um coração cósmico

Deus fala em muitas línguas, brilha em muitas cores, chama-nos em muitas vozes e está além de qualquer imagem pequena, insignificante, paroquial que façamos dele. É esse grande Deus cósmico que buscamos.

Reconhecer Deus nos outros é ampliar os limites do ego. Então, Deus e nós não somos um mundo em nós mesmos. Somos simplesmente uma peça perdida nas glórias do universo.

Quando começamos a entender que Deus está em todos os lugares, em todas as pessoas, sempre vivo no mundo, então a vida se torna uma alegria, e não um fardo, e as outras pessoas são um sinal de possibilidade, e não de perigo. E então aprendemos a rir de novo.

Uma vida preenchida com a consciência de Deus, a sensação da proteção de Deus e a apreciação da criatividade de Deus, significa uma vida cheia do riso que vem de saber que tudo é sagrado e que, ao final, tudo dará certo.

Como sei que estou finalmente me aproximando de Deus? Fácil. É quando vejo Deus em todos e encontro e toco Deus em tudo o que existe.

Como sabemos se a religião, que dizemos tanto estimar, acreditar tão profundamente e praticar tão bem, está realmente tão desenvolvida em nós quanto acreditamos? Nick Annis escreveu: "Aqui está uma dica: se você está matando alguém em nome de Deus, você não entendeu a mensagem".

Aprendi tanto com Deus

que não posso mais me dizer

cristão, hindu, muçulmano, budista, judeu.

A verdade compartilhou tanto de si comigo,

que não penso mais em mim mesmo

como homem, mulher, anjo ou mesmo pura alma.

A existência se tornou tão repleta de risos,

que me libertou de qualquer conceito e imagem

contra os quais uma mente pudesse guerrear.

(Hafiz, trad. Daniel Ladinsky)

Um coração criativo

Cada um de nós está aqui para participar da criatividade de Deus acrescentando algo de nós mesmos à criação.

O trabalho bom, criativo, é qualquer trabalho que torne o mundo ao nosso redor um lugar melhor e mais humano para vivermos. Não é apenas criar algo novo que nos torna "criativos". É cuidar do que é bom que nos torna artistas de nossa própria vida. O que fazemos para embelezar o mundo é um serviço da alma que toca as almas ao nosso redor tanto quanto realiza a nossa própria.

É impossível fazer algo que afete apenas a nós mesmos. Todo bem que fazemos torna o mundo melhor. Todo mal que fazemos, aos outros ou a nós mesmos, torna o mundo pior. O trabalho, em si, não é necessariamente bom. Traficantes de drogas trabalham; vendedores de armas trabalham; *hackers* de computador trabalham. Para que um trabalho seja bom, ele não pode ser algo que faça mal a outros.

Trabalhar em algo de que gostamos é um tipo de riqueza que nenhum salário em outro tipo de trabalho pode gerar. Uma coisa é ganhar a vida; outra é construir uma vida.

Robert Stroud, famoso assassino, considerado perigoso e por isso condenado à solitária, subverteu o sistema prisional ao cuidar dos pássaros que pousavam no parapeito de sua janela na Penitenciária Leavenworth. Sua dedicação e pesquisas sobre as aves, nesse período, renderam um livro e importantes contribuições para o estudo das patologias aviárias e a ornitologia. Ao ser transferido para a Penitenciária Federal de Alcatraz, onde não mais podia ter contato com as aves, passou a escrever sobre a história do sistema penal americano. Autores referem-se a ele como um exemplo de autoaperfeiçoamento e reabilitação na prisão dos EUA. Prova de que, quando fazemos algo belo, nós mesmos nos tornamos melhores.

Fazer nosso trabalho – seja qual for, por menor ou mais obscuro que seja – da melhor forma que pudermos, eleva a qualidade de vida de todos ao nosso redor. O trabalho produtivo aperfeiçoa o mundo; o trabalho criativo enriquece o mundo; o trabalho sagrado torna o mundo um lugar melhor para todos nós.

O trabalho é o amor tornado visível,

e se você não consegue trabalhar com amor,

mas apenas com aversão, é melhor que abandone o

trabalho, sente-se na entrada do templo e peça esmolas

para aqueles que trabalham com alegria.

(Khalil Gibran)

Um coração que deseja

Faz parte de ser humano a bela arte de aprender a não estar no controle. Esse é o elo que nos liga a Deus – deixar a onisciência a quem pertence. Há algo de atraente no processo de se tentar persuadir a Deus. Se apenas percebêssemos que não é persuadir a Deus que conta! É aprender a enfrentar a realidade por nós mesmos que faz a diferença entre a infância e a maturidade espirituais.

Lembre-se disso: não importa o que você acha que deseja, o que vai obter será exatamente o que precisa naquele momento.

Não tenha medo de querer algo. Querer é uma parte preciosa de ser humano. É algo que nos transporta de um momento ao seguinte, de uma fase da vida à outra. As expectativas humanas, alcançadas ou não, são o sinal dentro de nós de que sabemos que Deus não está distante, não é indiferente à vida humana, mas, na verdade, está próximo e nos dá tudo de que necessitamos.

Nosso coração quase sempre é partido por nós mesmos. Queremos aquilo que não temos o direito de conseguir. É a forma de se chegar à plenitude da vida. "Posso ouvir os filósofos protestando que só pode ser uma desgraça viver na loucura, ilusão, engano e ignorância, mas não é – é humano", escreveu

Erasmo. Quando não obtemos o que desejamos, temos a oportunidade de desenvolver algo mais. Expectativas frustradas são o início de uma jornada saudável rumo a novas ideias, novos interesses, novos acontecimentos.

Neste mundo há duas tragédias.
Uma é não se obter o que se quer;
a outra é obter.

(Oscar Wilde)

Um coração judicioso

As grandes decisões da vida estão todas ocultas por trás de um véu que impede que vejamos os seus resultados.

Toda escolha é uma crise, no sentido da palavra em chinês. É ao mesmo tempo perigo e oportunidade. É quando vemos apenas uma dessas polaridades que tendemos a tomar uma decisão ruim ao fazermos uma escolha.

Contra o perigo, devemos estar sempre preparados. Diante da oportunidade, nunca devemos dizer "impossível".

Não é, na maioria dos casos, que não saibamos qual caminho queremos tomar. É que simplesmente desperdiçamos nossa vida querendo garantias.

De fato, as grandes decisões na vida raramente são claras. Mas há algo que é certo: a vida é uma série de dilemas, de opções, de enigmas, de possibilidades escolhidas ou não. Decisão boa, decisão ruim, como saber? O que faz a diferença entre elas? Apenas isto: são os valores que utilizamos no processo de tomada de decisão e a atitude que adotamos ao vivermos com base neles que transformam as encruzilhadas em vida nova.

As pessoas zombaram da frase aparentemente absurda de Yogi Berra, mas ele não estava completamente errado. As encruzilhadas são aqueles momentos na vida em que temos a oportunidade – quando não temos outra escolha, exceto começar de novo. É sério: quando encontrar uma bifurcação na estrada, siga por ela com o coração aberto. Tenha confiança de que o Espírito que o conduziu até ali não o abandonará.

Quando encontrar uma bifurcação na estrada, siga por ela.

(Yogi Berra)

Um coração que duvida

Só dizer que acreditamos não nos protege da graça salvadora da dúvida. Na verdade, ela nos testa. A dúvida é um exercício necessário na confissão de fé. É uma prova segura de que a alma busca mais do que o que está ali.

A dúvida nem sempre é um fardo. Pode nos salvar da arrogância, da superioridade e do orgulho. Pode transformar carneiros em águias. Faz com que sejamos céticos a respeito de fraudes e desconfiemos da lábia de vendedores. Faz com que sejamos pessoas que pensam.

A dúvida é o chamado a confiar em nossos instintos, sentimentos e fé mais do que em uma coleção de "fatos" em constante mudança. Não há necessidade de fé, quando tudo está claro, confortável e constante. Fé é o que precisamos quando descobrimos que não estamos no controle de nosso mundo. E isso pode levar anos para percebermos.

Fé não é certeza. É simplesmente a clara consciência de que deve haver algo mais no que está acontecendo do que posso ver ou mudar, e que é, portanto, para mim, a vontade de Deus agora.

"A noite escura da alma", aquele período de crescimento quando todas as nossas crenças anteriores deixaram de parecer certas, pode nos aproximar mais de Deus do que nunca. Então, nossa alma se torna focada, concentrada em encontrar a luz novamente.

A dúvida e a fé são essenciais uma para a outra. A dúvida é que torna a fé madura. A mera busca das questões que a fé demanda é o que nos move para além da magia rumo ao mistério de Deus.

A fé é o pássaro que canta quando a madrugada ainda está escura.

(Rabindranath Tagore)

Um coração perseverante

Santa Catarina de Siena ensinou: "Nada se fez sem muita perseverança". O problema é que temos a tendência de desistir muito rápido. Desistimos quando as pessoas nos dizem que nunca iremos conseguir. Desistimos quando nos cansamos. Desistimos quando não melhoramos. Esses critérios retardam muito o progresso humano. Pior ainda: fatores como esses limitam nosso próprio desenvolvimento.

Permanecer em uma situação difícil para resolvê-la, em vez de tentar escapar dela, dá a Deus a oportunidade de completar o efeito que era esperado que tal experiência exercesse sobre nós. A sobrevivência é um efeito secundário da confiança. Quando nos debatemos para abrir caminho através da vida, esse esforço se torna demasiado para nós. É aprendendo a descansar nos braços do Criador que superamos o que, de outra forma, teria nos destruído.

A questão é que tudo a que sobrevivemos na vida nos proporciona mais uma camada de humanidade com que viver.

A natureza daquilo que suportamos é que define nosso caráter. A perseverança não é uma virtude quando tolera o mal. "Se tivéssemos sido mais santos, teríamos ficado mais zangados com maior frequência", escreveu Templeton. O que significa:

nunca tolere o que não é em si mesmo essencialmente bom, ou projetado para tornar o mundo de todos um lugar melhor, ou, ao final, realmente bom para seu próprio desenvolvimento. Violar qualquer desses princípios é violar a vontade de Deus para a criação.

Guia-me, Luz gentil,

em meio à escuridão que me cerca,

guia-me avante.

(John Henry Newman)

Um coração evolutivo

Supor que amanhã será igual a hoje é um jeito ruim de nos prepararmos para a vida. Prepara-nos apenas para a decepção ou o choque. Para viver bem, para ser mentalmente saudável, precisamos aprender a entender que a vida é um trabalho em andamento.

A vida acontece em pequenos estágios. Os saltos quânticos na vida – grandes novas promoções, perdas atordoantes –, mesmo quando acontecem, requerem muito crescimento, se pensamos em nos tornar aquilo que eles exigem de nós.

Como a mudança é fundamental na vida, sabemos que tudo é possível. Só não sabemos o que ela fará conosco. "A mudança é a constante", escreveu Christina Baldwin, "o sinal para o renascimento, o ovo da fênix". Tudo o que precisamos aprender a fazer é aceitar o presente de braços abertos e deixá-lo fazer conosco o que for necessário.

Nada é estável na vida. Nada é garantido. Nada é estático. Tudo muda. Às vezes, de forma grandiosa, ousada, impressionante. Às vezes, em pequenas mudanças graduais que se vão acumulando sorrateiramente – como peso, altura e idade. Não tenha medo de ficar diferente do que você é – só não deixe de desfrutar as dádivas de cada fase, assim como de lamentar as dificuldades.

A vida apenas continua exigindo nova vida de todos nós o tempo todo.

A tarefa espiritual é seguir medindo os graus de diferenças que nos cercam na vida e continuar nos ajustando a eles.

O único homem que se comporta de modo sensato é meu alfaiate; ele tira as minhas medidas sempre que me vê. Os outros continuam com suas velhas medidas e esperam que eu caiba nelas.

(George Bernard Shaw)

Um coração livre

Quando abrimos mão de nosso direito de pensar por nós mesmos, perdemos a possibilidade de atingir a plenitude da vida.

É fácil posar como um pensador, quando apenas consumimos os pensamentos de outra pessoa – seja do marido ou da esposa, seja do padre; possivelmente da mãe ou do pai. Quando copiamos as opiniões de outrem, repetimos as suas ideias, não criticamos nada, não abrimos novos caminhos mentais para nós mesmos, engolindo tudo sem nenhum critério, somos não apenas escravizados, mas nos tornamos clones das pessoas que nos cercam, fingindo sermos humanos.

Assumir a liberdade necessária para ser quem sou, expressar as minhas ideias em voz alta, ser forte o bastante para enfrentar as ideias de outra pessoa, significa reivindicarmos o direito de contribuir para o âmbito e a riqueza da aventura humana.

Temos muito medo de ser diferentes daqueles cuja companhia desejamos. Mas, de que serve estar com eles, se o meu eu real não está realmente com eles? Nesse caso, todos perdemos. Eu perco o direito de ser quem sou. Eles perdem o direito de serem influenciados por mim tanto quanto sou por eles.

Cada um de nós é chamado a tomar posição em defesa de algo ao longo da vida – a se arriscar ao ridículo, aguentar a oposição, ter crenças diferentes das que os outros possuem. E muitas vezes essa é uma estrada solitária, percorrida apenas por aqueles que se encontram livres das seduções da aprovação humana.

Mas esse é o tipo de liberdade – liberdade do ego, liberdade para o Evangelho – que provoca mudanças.

Só conheço uma liberdade:
a liberdade de pensamento.

(Antoine de Saint-Exupéry)

Um coração talentoso

Conhecer nossos talentos é conhecer nosso papel na vida. Somos o que somos. Mas o talento pessoal se desvela à medida que avançamos, muitas vezes devagar, sempre de modo surpreendente. Pode levar anos até se tornar claro – o talento real que está oculto em nós. Encontrar os talentos que Deus nos deu requer coragem. Exige risco; exige aventurar-se e eventualmente aceitar o fracasso, quando saltamos de uma esfera para outra. Mas, ao final, o que recebo é a totalidade do meu ser.

Todos nós temos nas mãos um talento destinado a tornar a vida melhor. A única pergunta é se o utilizaremos em favor dos outros ou só de nós mesmos.

Aprender que os talentos que recebemos são dados para o restante da comunidade humana é o que nos torna mais humanos. Todos fazem algumas coisas melhor do que outras. O que tenho para dar é sempre algo muito necessário em todas as situações, porque ninguém mais pode dá-lo. A obrigação é derramar esse talento como óleo sobre o universo.

Não tenha medo de perseguir os sonhos do seu coração. Eles são o sinal do que deveria ser, do que você deveria fazer para ser completo; de como você acredita, em seu íntimo, que deve ser o mundo para ser verdadeiro para consigo mesmo.

Sem você, sem mim e sem nosso pequeno talento, o mundo jamais será completo. Certa vez, o jornal *London Times* pediu a alguns escritores que respondessem à pergunta: "O que há de errado com o mundo?". G. K. Chesterton escreveu: "Prezados senhores: Eu. Atenciosamente, G. K. Chesterton". Evidentemente, o que se pede para darmos é apenas o que somos – e isso é mais do que nada.

Quando alguém pergunta o que há para fazer, acenda uma vela nas mãos dele.

(Rumi)

Um coração sofredor

A dor é aquela parte da vida que nos leva além dos limites de nossa mente e nos faz ver a vida com novos olhos. É possível que, quando a vida se torne como queremos que seja, ela seja muito, muito pequena para alcançar seus reais propósitos.

A dor nos faz crescer. Quando entendemos que tudo o que temos pode ser perdido, começamos, primeiro, a não nos apegar demasiadamente a nada e, segundo, a extrair toda a felicidade possível do que temos.

As pequenas perdas da vida nos preparam para sobreviver às maiores. Descobrimos, pouco a pouco, uma pequena mudança depois da outra, que é possível, depois da perda – não importa quão fundo é o poço no início –, rir de novo, amar de novo, começar de novo. Pratique saborear as suas pequenas perdas. Podem ser elas que o salvarão ao final.

Dizer a uma pessoa que sofre para não sofrer, pode ser o golpe mais cruel de todos. Nega-lhe o direito de reavaliar sua vida, de valorizar o passado e de ser acompanhada em seus novos medos. Como não estamos preparados para lidar com a realidade da perda, não queremos que mais ninguém a enfrente.

A dor é um processo de muitos estágios e sem limites garantidos. Quando algo acontece que, em nossa mente, não deveria ter acontecido – uma criança morre, um grupo nos trai, um ser amado nos deixa –, não há como calcular o tempo que levará para nos recuperarmos. Há apenas a segurança de que conseguiremos nos recuperar, nem que seja pelo simples motivo de que muitos o fizeram.

Uma vez que tenhamos entendido que tudo o que tocamos vai desaparecer, descobrimos que devemos tocar com mais intensidade. A mera ideia da dor nos prepara para vivermos bem.

Derrama lágrimas de sofrimento
Que as lágrimas irão te dar alento.

(Sha'Wana, mística sufi)

Um coração arrebatado

A beleza assume muitas formas. Já as vi, encantadoramente simples e ousadamente irresistíveis, tanto onde as esperava quanto onde não podia nem mesmo imaginar. Vi uma mexicana, nove membros de sua família assassinados nas montanhas de Chiapas, diante do túmulo deles, com o bebê no colo, expressão carregada, mas com suavidade nos olhos e abertura para a vida. Foi belo.

Vi, também, filas e filas de trabalhadores italianos esperando durante horas pelas luzes rústicas que iriam iluminar, por um instante precioso, o "Moisés" de Michelangelo na pequena e escura capela de São Pedro Acorrentado, em Roma. A admiração em seus olhos era tão bela quanto os tendões nos braços de mármore, as rótulas de ossos fortes do Moisés diante deles. Ambos eram cheios de sentimento: ambos guardavam a promessa de um tipo de energia que só pode vir das profundezas do coração humano.

Certa vez fiquei em pé, com os braços cruzados às costas, e fitei à altura dos olhos a "Fuga para o Egito" de Rembrandt, preto sobre preto sobre preto, uma luzinha brilhando na escuridão do exílio. Aquilo foi de uma beleza incomparável, a visão de alguém que havia visto mais na turbulência da fuga do que eu jamais imaginara existir.

A beleza é uma experiência profundamente espiritual. Ela sempre nos grita: "Mais. Há mais ainda". Não podemos esperar a plenitude da vida, sem nutrir a plenitude da alma. Precisamos buscar a beleza, estudar a beleza, cercar-nos de beleza. Para revitalizar a alma, o mundo, precisamos nos tornar beleza.

Começa em beleza.
Termina em beleza.

(Canto navajo)

Um coração ecológico

Cultivar o amor à natureza é aprofundar nossa própria vida espiritual, chegar mais perto da criação, ver nossa responsabilidade moral para com ela na forma como tratamos cada folha de grama. Viver em harmonia com a natureza é estarmos mais vivos.

Nossa sincronicidade com a natureza é demonstrada pelo efeito emocional que ela exerce sobre nós. Quando o céu está nublado, às vezes ficamos rabugentos. Quando a neblina paira na serra ao nosso redor, quando o nevoeiro baixa, nos tornamos pensativos. Quando o sol arde nas rochas, cada um de nossos nervos desperta. Cada mudança na natureza nos convoca a nos aprofundarmos nos ritmos da vida. É ver a nós mesmos como parte da natureza, e não como exteriores a ela, que sintoniza nossa alma com seus ensinamentos.

Nós não "controlamos" a natureza. A natureza nos controla. O único problema é que é preciso um mundo moderno, industrial, para entendermos isso. Quando destruímos a natureza, sem noção do que estamos fazendo ao futuro, a natureza sempre tem a última palavra. Veja o que estamos fazendo com a Terra e saberá quais mudanças precisamos efetuar em nossa própria vida se queremos verdadeiramente buscar a Deus.

Andando em meio à natureza, andamos de mãos dadas com o Deus que a anima. A única questão é: Devemos dar-lhe vida ou morte? Em uma de suas visões, Hildegarda de Bingen, mística do século XII, falou sobre a natureza: "Sou aquela essência viva e ardente da substância divina [...] Brilho na água; queimo ao sol, à lua e às estrelas". Ah, viver tempo bastante e bem o suficiente para ver essas coisas por nós mesmos!

*As árvores e as pedras irão te ensinar
o que nunca aprendeste com os mestres.*

(Bernardo de Claraval)

Um coração nostálgico

Todos carregamos conosco coisas do passado que determinam como vivemos a vida, o que pensamos sobre as coisas, como nos sentimos em relação às pessoas, como encaramos o mundo. "Sou parte de tudo o que já conheci", disse o poeta Lord Tennyson. Talvez, todos entendêssemos melhor os outros se apenas perguntássemos agora o que no passado nos levou até este ponto.

Algumas dessas coisas podem estar bloqueando a nossa capacidade de vivenciar a vida plenamente agora. Por outro lado, elas podem ser exatamente o que nos torna abertos à vida.

O mais triste da vida talvez seja a tendência a pensar que nossas opiniões atuais provêm de nossa experiência atual, são válidas agora, são o resultado de perspectivas cuidadosamente ponderadas, são realmente racionais ou adequadas à atualidade. Fazer isso é nos congelarmos no tempo.

Decidir quais ideias conservar na vida determina que tipo de pessoas seremos ao final: um reacionário (o tipo de pessoa que confia no Deus de ontem, mas não no Deus de amanhã) ou um revolucionário (o tipo de pessoa que acredita que nosso Deus criador continua criando o que precisamos ao longo do tempo).

O importante é lembrar que minhas memórias são apenas sinais do possível; não são absolutas. Elas me dão uma noção das possibilidades, não uma garantia de nada. O crescimento pessoal é a capacidade de testá-las.

A lembrança [...] é o diário que todos nós levamos conosco.

(Oscar Wilde)

Um coração esperançoso

Os tipos de sonhos que temos determinam a qualidade de nossa vida. O problema não é que não sonhemos. O problema é que raramente sonhamos alto o bastante.

Certamente, realizaremos aquilo com que sonhamos – ou, pelo menos, obteremos alguma pálida versão do sonho. O importante não é realizarmos o sonho, mas sermos capazes de avaliá-lo, assim que estiver ao nosso alcance. Sonhar sem estarmos dispostos a fazer alguma coisa para realizar o sonho condena-nos a uma vida que nunca produz frutos.

Quando paramos de perseguir um sonho, antes que ele seja claramente impossível, deixamos de perseguir nosso melhor desenvolvimento. Então, precisamos perguntar o que é que está realmente nos bloqueando: medo, insegurança, falta de iniciativa ou falta de fé?

No realismo de nossa velhice, tendemos a falar em "sonhos da juventude". Esse talvez seja o comentário mais triste que se possa fazer sobre o estado da alma humana. Os sonhos não morrem na juventude; são simplesmente abandonados naquela fase, em nome de um engodo que chamamos de "realismo". Os sonhos não são só para os jovens. Os sonhos transformam todas as fases da vida na grande aventura que está destinada a ser.

O bom do sonho é que nunca obtemos exatamente o que pretendíamos no início – o que significa que há sempre coisas a almejarmos, quando a jornada da vida fica sombria. Não ter um sonho para amanhã, para o ano que vem, para a vida, é abandonar-se não apenas ao acaso, mas à vida sem direção. Mostre-me um sonhador e eu lhe mostrarei um dos motores de Deus para a corrida humana.

Aqueles que perdem o sonho estão perdidos.

(Provérbio aborígene)

Um coração hospitaleiro

Estar aberto ao mundo é um jeito perigoso de viver. Pode ser uma ameaça ao aprendizado de coisas que sempre fomos ensinados a rejeitar. O que não sabemos, o que temos tendência a temer. Embalsamados na mesmice, perdemos a oportunidade de crescer e atingir os propósitos da vida.

Quando saímos de dentro de nós mesmos para estabelecer contato com o outro, não somente atendemos às necessidades do outro como nos tornamos melhores do que éramos. A hospitalidade do coração opera em mão dupla.

A hospitalidade do coração é o que torna o mundo um local agradável e encantador para se viver. É o que torna a interdependência real. Precisamos uns dos outros em vários aspectos. De um extremo a outro do globo, recorremos uns aos outros em busca de compreensão, ideias e apoio.

A hospitalidade é uma disposição de nos sujeitarmos a obrigações em nome do bem-estar do outro. É o sacramento do eu. É algo que está bem além e acima dos limites de uma mera socialização. É a profunda consciência das necessidades dos outros e a determinação de servi-los.

A solidão é uma necessidade humana; a distância é um problema humano; a hospitalidade é a dádiva humana que une as duas. Quando as pessoas entram em nossa vida, trazem novas luzes, sabedoria, tradições, culturas e ideias que nos expandem até o limite. Elas nos trazem a oportunidade de nos tornarmos seres humanos plenamente desenvolvidos.

*Se não fossem os hóspedes,
todas as casas seriam túmulos.*

(Khalil Gibran)

Um coração humano

A vida é o que aprendemos enquanto vivemos. E o que aprendemos enquanto vivemos é o que testa e molda as capacidades de nossa alma.

Não há forma de entender como superar a dor, exceto passando por ela. Não há forma de praticar a renúncia à raiva intensa que sentimos quando somos ignorados ou desprezados por qualquer motivo. Não há modo de se preparar para a sensação de abandono que se experimenta em uma sociedade que pensa diferentemente de você: porque o seu filho é gay, talvez; ou porque você é mulher e, assim, automaticamente considerada inferior para o trabalho, talvez; ou porque você não é branco em um mundo de brancos; ou porque a pessoa que você considerava um amigo eterno o abandonou.

Tudo isso nós precisamos descobrir por nós mesmos, a cada situação que enfrentamos.

Mas, então, uma vez que tenhamos superado esses momentos sombrios e dolorosos da vida, descobriremos um tipo mais novo e melhor de doçura. Não apenas descobriremos quem são as outras pessoas; também descobriremos quem somos nós. Descobriremos não apenas quão fracos nos sentimos, mas quão fortes podemos ser, na verdade, diante da dor, da zombaria ou do preconceito sem fim, ou diante da superficialidade de uma moralidade hipócrita.

Então, perceberemos que a vida não é uma doença terminal. Ao contrário, é sempre, e nas melhores condições, um tempo de desenvolvimento infinito, de escolher ser mais ou menos do que pensamos que poderíamos ser. Não é uma questão de passar pela vida; é uma questão de ir cada vez mais fundo, de modo sempre mais amplo, tornando-se eternamente mais sábios.

No livro da vida,

as respostas não estão ao final.

(Charlie Brown, por Charles Schultz).

Um coração humilde

Ao final de tudo, descobrimos que a humildade – a força de separar nossa noção de significado da vida daquilo que fazemos – é a única resposta real para a felicidade duradoura.

A humildade é o cultivo da força que requer a admissão de que estou errado, de que não sei, de que cometi um engano. Ela torna possível a uma pessoa começar de novo. Orgulho é fraqueza. Fingir ter o que não tenho – e me expor às pessoas, que não vão deixar-se enganar.

O orgulho se concentra no que é externo. A humildade brota de um poço interno.

A humildade se recusa a usar uma máscara. A pessoa humilde sabe quem ela é e conta isso a outra pessoa, a fim de se preservar contra a tentação à arrogância. O orgulho é o processo de nos enganarmos, de dissimular para os outros, de fingir ser quem e o que não somos. É o pior tipo de escravidão.

Existe um orgulho bom que extrai mais prazer da aspiração – do desejo – de fazer o bem e da melhor forma, e não da realização em si. O bom orgulho não é tanto uma necessidade de acumular recompensas, mas de reconhecimento do empenho que me levou ao lugar aonde cheguei. Os verdadeiramente humildes nunca cobiçam realmente o reconhecimento.

Eles simplesmente o aceitam, se e quando chegar, e o encaram com leveza.

A humildade é o ápice da liberdade interior. Não escraviza nada nem ninguém, nem mesmo sua própria imagem. Apenas os humildes são realmente felizes. Não há nada que tenham que se possa tirar deles, e tudo o que têm, seja o que for, eles desfrutam por suas qualidades intrínsecas.

Faça o seu trabalho, depois se afaste.
É o único caminho para a serenidade.

(Lao Tsu)

Um coração imperfeito

A humanidade é uma mistura de tropeços. É isso o que a torna tão encantadora, tão interessante de observar. Por não sermos completos, todos precisamos uns dos outros. Quando nos convencemos de que somos a plenitude de tudo o que existe, tornamo-nos espiritualmente pobres.

O bom de ser humano é que falhamos muito. Valorize isso: é inestimável. Dá-nos muito respeito por todos os demais. O motivo pelo qual palhaços e comediantes são tão populares é que, na verdade, todos vemos neles partes de nós mesmos que nos esforçamos muito por ocultar. Quando nos levamos demasiadamente a sério, esquecemos que só o que sabemos realmente ser eterno é Deus.

Cometer erros é parte do processo de crescimento. Precisamos aprender a ser mais gentis com as outras pessoas. Precisamos também aprender a ser mais gentis com nós mesmos. Caso contrário, o que esperamos de nós mesmos, esperaremos de todos os demais. E isso pode ser trágico. Para todos nós.

Nunca tenha medo de admitir que "não sabe" ou "não consegue encontrar" ou "não conseguiu fazer" algo. Nossas imperfeições e incompetências são a única coisa que temos que nos dão direito ao apoio do restante da raça humana.

O dom de saber o que nos falta é o presente que temos de dar às habilidades dos outros. Como diz um provérbio irlandês: "É ao abrigo uns dos outros que vivemos".

A verdadeira perfeição de alguém é conhecer suas próprias imperfeições.

(Santo Agostinho)

Um coração amigo

Um amigo é mais do que um conhecido. Um amigo é uma alma gêmea em todas as idades, aquele que olha para nós e diz: "Sei exatamente quem você é e o amo por isso. Sei o que ninguém mais sabe e amo você por isso e apesar disso". Não há nada mais próximo e mais significativo na vida do que a intimidade.

O modo de cultivar uma amizade é estar preparado tanto para falar quanto para escutar pelo resto da vida. "Uma boa conversa é ouro puro e é o que os amantes precisam um do outro", escreveu Garrison Keillor.

As pessoas que não nos deixam expressar aquilo em que realmente acreditamos, que não se importam com o que realmente sentimos a respeito de algo, não são nossos amigos. São, na melhor das hipóteses, conhecidos.

Todos têm momentos de solidão. Momentos em que o que precisamos ouvir não é dito por ninguém – ou, pelo menos, ninguém consegue entender nosso real significado ou propósito. Então, é melhor ficar calado e esperar até que apareça alguém em nossa vida, alguém que escute o que estamos tentando dizer, sem ter de dizê-lo. Alguém que simplesmente nos entenda tão bem que não seja necessário falar muito.

Uma coisa é ter um amigo; outra coisa é ser um amigo. Isso significa que prometo deixar minha própria agenda, trabalho, negócios e interesses de lado, a fim de mergulhar nos seus. É uma dádiva de rara beleza, do mais profundo significado, do mais verdadeiro amor.

Encontro abrigo quando falo contigo.

(Emily Dickinson)

Um coração batalhador

O que somos em nosso âmago determina o que passaremos a vida toda fazendo.

Todo o esforço do mundo não garante que realizaremos o que pretendemos. Garante, no entanto, uma vida excitante. Todo o esforço que faço para tornar meu mundo melhor, pode não mudar nada ao longo de minha vida, mas pode possibilitar que outra pessoa o faça mais tarde.

Devemos sempre ter algo a almejar que valha o esforço. De outra forma, não há razão para viver. Mas nunca devemos almejar algo que seja impossível conquistar. Caso contrário, não há razão para tentar.

O que conta no final não é, na verdade, o quanto de minha vida algo irá me custar para obter. É se esse algo realmente vale ou não o esforço da tentativa. O que pagamos com a nossa vida deve ser digno dessa vida.

A verdade, a bondade e a beleza, disseram os filósofos, são os bens mais valiosos na vida. Por elas, devemos estar dispostos a pagar qualquer preço. E João da Cruz nos lembra: "No entardecer da vida, seremos julgados apenas pelo amor". Não pelas posses terrenas ou o sucesso humano.

Gastar nossas vidas com o que é digno é que é a medida de nossa grandeza.

Apenas aqueles que ousam fracassar imensamente podem alcançar um imenso sucesso.

(Robert Kennedy)

Um coração alegre

Muito frequentemente esperamos que a alegria chegue até nós, quando, na verdade, ela é algo que devemos assumir a responsabilidade de criar, não apenas para nós mesmos, mas para os outros também. A beleza da alegria é que, como um vitral pelo qual a luz irrompe numa miríade de cores, ela nos permite ver quão boa é a vida, mesmo quando ela parece não ser. A alegria não é um acontecimento; é a atitude que uma pessoa saudável assume em todas as situações da vida – trabalho, família, vida social e até momentos de estresse pessoal. Ela traz mensagens de esperança e receptividade, de possibilidades excitantes, além da profunda convicção de que o que recebemos na vida é dado para o nosso próprio bem.

A pessoa espiritualmente madura confia na presença de um Deus amoroso para fazer com que este momento, seja ele qual for, amadureça na alma. É pelas lentes da alegria que devemos aprender a olhar para tudo na vida. Tudo é bom, mas nem sempre percebemos isso, em meio aos acontecimentos.

Para sermos pessoas realmente santificadas, precisamos parar de pensar na alegria como um acidente da natureza e começar a fazer dela uma prioridade. "Lembre-se sempre", ensinou Rebbe

Nachman de Breslov, "que a alegria não é secundária para a sua busca espiritual. É vital".

E os antigos nos lembram: "Não existem santos tristes". Nunca confunda santidade com rigidez, morbidez ou mau humor. Estes últimos vêm da preocupação com o ego, não de qualquer consciência da presença de Deus.

Escolhemos nossas alegrias e sofrimentos muito antes de experimentá-los.

(Khalil Gibran)

Um coração bondoso

O que é a bondade? É uma tendência a ser prestativo, para a qual todas as habilidades do mundo não são suficientes.

A bondade não é recompensa por favores recebidos; é uma cordialidade que é prestada sem que se receba algo em troca. As bondades de que nos lembramos são as que nos salvaram dos abismos por sobre os quais, de outra forma, seríamos incapazes de saltar sozinhos.

Ser bondoso é ser igualmente acessível em todas as situações. Tempos difíceis são suficientemente difíceis, sem que tornemos ainda mais árduo para as pessoas sobreviverem às dificuldades.

A bondade em meio à dor é redentora. Cura os doentes, fortalece os fracos e dá esperanças aos deprimidos. Torna mais uma semana, mais um dia, mais uma hora possíveis.

Ser bondoso não significa que devemos ser fracos. Significa que temos a força exigida para sermos nós mesmos, sem precisar ferir os outros.

Ninguém teme uma pessoa que é bondosa. Todos se sentem seguros com a pessoa bondosa. A bondade transforma-nos a todos em amigos. Ser sistematicamente gentil e bondoso no modo de lidar com as pessoas é uma dádiva maior do que qualquer outra que tenhamos para oferecer. Muitas vezes falamos em "amar uns aos outros". Pode ser bem mais real e causar mais impacto simplesmente sermos bondosos uns com os outros. Ou, como diz o Talmude, "Atos de bondade são iguais em peso a todos os mandamentos".

Dar prazer a um único coração

com um único ato de bondade

é melhor do que milhares de cabeças

inclinadas em oração.

(Saadi)

Um coração amoroso

O amor é o maior definidor da vida. Aqueles que amam, vivem. Aqueles que vivem e nunca aprenderam a amar, já estão mortos na alma.

Aprender a amar é o desafio de uma vida, porque requer que pensemos em algo além de nós mesmos, e que tornemos esse algo o centro de nossa vida. Obviamente é uma arte que se aprende.

É fácil encontrar um grupo com quem andar. É um dos milagres da vida, no entanto, encontrar alguém com quem podemos compartilhar nossa alma. Amar alguém é duplicar todas as nossas alegrias, dividir todas as nossas decepções. Ser amado é aumentar nossa coragem e diminuir nossos medos.

O verdadeiro amor cresce. Nunca é em seus primórdios o que é mais tarde, pois ele se torna mais espiritual, menos físico, mais um e menos dois, mais apoiador do que apoiado.

O verdadeiro amor nunca visa possuir o outro. O verdadeiro amor liberta o outro para que seja a plenitude de si mesmo. Se você ama alguém, liberte-o.

O verdadeiro amor a dois, se for guardado em mãos saudáveis, nos torna destemidos, nos torna ainda mais amantes, expande nosso coração em vez de contraí-lo e, assim, nos possibilita acolher o universo inteiro.

O amor é tudo o que sabemos de Deus. É toda a prova que precisamos de Deus. É a visão de Deus em nossa vida. Ame alguma coisa, então; ame qualquer coisa e tudo a fim de liberar o melhor de si mesmo. Não há nenhuma dúvida: é o amor que nos torna humanos.

Onde há mais amor há sempre milagres.

(Willa Cather)

Um coração atento

A atenção plena, a consciência do sagrado nos detalhes da vida, torna a pressa e a superficialidade impossíveis. Torna todo ato sagrado.

Assim que começamos a tomar consciência dos detalhes da vida, não há nada que a maior parte das pessoas chame de "importante" que possa arrancar de nós o que há de melhor nela – as pequenas coisas que dão sentido ao amor, à família e ao ser.

Detalhes são pequenas coisas que fazem com que coisas importantes se tornem importantes: a cereja acrescentada ao bolo de aniversário, o giro do pulso no balé, a profundidade do azul-escuro numa pintura, a cabeça inclinada em direção ao cachorro da família. "O primeiro passo do amor é a atenção", escreveu a filósofa Simone Weil.

Deixando de notar uma rosa, deixamos de perceber o universo inteiro. Erodimos a terra sob nossos pés e consumimos o ar ao nosso redor sem nem sequer saber o que está acontecendo. Envenenamos a nós mesmos e não temos nenhuma pista de quem é o culpado. Somos todos milagres vivendo em um milagre chamado planeta Terra. É apenas uma questão de reconhecer o que isso significa, tanto para nós quanto para o restante das pessoas do mundo.

Concentrar-se em um elemento da natureza a cada dia – uma rosa num belo vaso, uma velha árvore nodosa e indomável, uma cadeia de montanhas que não se desgasta com o tempo ou o que quer que nos convoque a reverenciar o mistério que é a vida – é meditação o bastante para tornar a vida preciosa, quaisquer que sejam os seus fatores estressantes.

O milagre da vida não é caminhar sobre as águas.
O milagre é caminhar sobre a terra verde
no momento presente, apreciar a paz e a beleza
que estão disponíveis agora.

(Thich Nhat Hanh)

Um coração místico

O misticismo é o desenvolvimento de um senso de consciência cósmica, a consciência de que somos parte de tudo o que existe. Uma visão cósmica do mundo e um senso de consciência cósmica não são a mesma coisa. Uma visão cósmica do mundo apenas compreende que existe um mundo maior do que o do ego. A consciência cósmica, por outro lado, é a compreensão de que, como parte deste mundo, sou criado para ser responsável pelo mundo.

Os olhos dos místicos veem Deus em cada rosto, encontram Deus em todos os lugares, buscam Deus em cada novo ato de criação. Eles estão impregnados de amor. O coração do místico é aquele que se parte junto com cada outro coração partido na terra.

Os místicos não separam qualquer parte da criação do Criador. As vidas não humanas são tratadas com o mesmo tipo de reverência sagrada dedicada aos seres humanos. A vida humana é tratada com respeito. A vida se torna o filtro pelo qual Deus se torna presente aos olhos humanos. Se fôssemos um mundo de místicos, não haveria algo como a pobreza na África, o desastre ecológico nas florestas tropicais e oceanos, o racismo no Ocidente.

A mística Juliana de Norwich disse, sobre a semente de carvalho que segurava na mão: "Nela está tudo o que existe e tudo o que sempre existirá". Reconhecer a unidade da vida a esse ponto é uma visão espiritual elevada a um nível de consciência estonteante.

O cristão do futuro será místico ou não existirá.

(Karl Rahner)

Um coração que não julga

Quando passamos nossa vida protegendo-nos contra o que poderia acontecer, em vez de nos abrirmos para o que possa acontecer, envenenamos o poço do coração.

A desconfiança diz tanto sobre nós quanto sobre os outros. Marca-nos como pessoas que estão mais interessadas nos pecados dos outros do que em nossos próprios.

Julgar o outro sem experiência ou indícios que confirmem é traçar limites ao redor de nossa própria vida. Melhor, talvez, ser enganado por alguém do que ser isolado pelo câncer da desconfiança infundada, das possibilidades que o relacionamento pode proporcionar.

Aprender a não prejulgar as pessoas e as coisas é fácil. Tudo o que precisamos é criar uma lista dos julgamentos que já fizemos e que estão incorretos – todas as pessoas corretas que se mostraram incorretas para nós, as coisas boas que insistimos em adquirir e que se revelaram ruins para nós, as coisas que sabíamos que eram absolutamente corretas e que se mostraram absolutamente incorretas. Se isso não nos curar de nossa tendência a estereotipar e julgar, nada o fará.

Para ser feliz é necessário aprender a abrir mão do modo como estamos convencidos de que a vida é e abrir nosso coração e mente ao que ela realmente é. Viver é se aventurar além de nossos medos e provar a doçura do desconhecido.

Porque foste picado por uma cobra, temes uma corda na estrada.

(Provérbio sufi)

Um coração aberto

Mente fechada é quando as pessoas se fecham a todas as ideias, exceto às suas. Que, sem dúvida, são um reservatório bastante pequeno de sabedoria.

Não é que a informação não esteja disponível. É que deixamos de buscá-la fora de nós, de escutar pontos de vista opostos, de imaginar outros caminhos. Não há quase nada na terra que possa ser feito de apenas um jeito – exceto, talvez, a soma 2 + 2 (e mesmo isso muda!). Mas gostamos de agir como se houvesse.

A necessidade de estar certo muitas vezes supera a necessidade de estar aberto às ideias daqueles que nos cercam. É a doença do poder e do sentimento de superioridade moral; a doença terminal dos relacionamentos humanos.

Quando nos recusamos a dizer "você está errado" e "eu estou certo" – quando aprendemos a dizer, em vez disso, "Sempre achei..." e "Diga-me por que acha isso" –, damos a nós mesmos a oportunidade de aprender algo.

Crescemos aprendendo o que chamamos de verdades de nossa cultura. Quando começamos a aprender as verdades de outras culturas, descobrimos que a verdade é a soma total de tudo, não as doutrinas institucionalizadas de qualquer parte do todo.

Ir além dos limites de nossa família, nossa raça, nossa nação e nossa religião leva-nos ao ponto em que nos tornamos cidadãos do mundo. Exatamente o que estávamos destinados a ser desde o início.

Quem sabe mais, duvida mais.

(Robert Browning)

Um coração apaixonado

Precisamos de paixão pela vida, uma onda de gratidão tão profunda que faremos o que for necessário para garantir a plenitude da vida para o mundo inteiro.

Aqueles com paixão pela vida salvaram o mundo para todos nós. A paixão de Helen Keller salvou os surdos. A paixão de Florence Nightingale salvou os doentes. A paixão de Martin Luther King Jr. salvou os negros dos Estados Unidos. A questão agora é simples: qual de nossas paixões está salvando o mundo no momento presente?

É nossa paixão por algo além de nós mesmos que nos mantém vivos. Isso dá um propósito a nossa vida, que é muito mais que apenas respirar. Transforma-nos naqueles seres humanos que estamos destinados a ser.

O teste do que é estarmos verdadeiramente vivos é a determinação do que possui significado para nós. O que nos faz chorar? O que nos deixa zangados? O que nos faz sofrer? O que nos dá alegria? "Viva até as lágrimas", escreveu Albert Camus. Viva, em outras palavras, como se a vida do resto do mundo dependesse da sua.

Deixe suas paixões serem o seu guia para o que significa ter grandiosidade de alma em nosso tempo e lugar. Tudo o mais não é viver no aqui e agora. É apenas estar vivo. Não desperdice sua vida em pequenas questões.

Paixão é outra palavra para o amor. Se você ainda não foi amado o bastante, por favor, comece agora... para o seu próprio bem.

Só as paixões, as grandes paixões, podem elevar a alma às grandes realizações.

(Denis Diderot)

Um coração paciente

A paciência ensina duas lições. Uma é a possibilidade; a outra é a aceitação. Ou o que é possível acontece e nossa paciência será recompensada, ou aprenderemos a aceitar o fato de que há algo ainda a fazer em relação à experiência.

"Suportar as injustiças com paciência" não é sinal de fraqueza. É simplesmente prova de que o autoconhecimento e a autocrítica nos tornam pessoas melhores. Quando sabemos quem somos – com todas as nossas fraquezas e todos os nossos erros –, fica extremamente claro que podemos ser pacientes com os outros. É importante compreender que aqueles que nos causam injustiças muitas vezes as sofrem também, e o peso delas torna impossível um esforço maior. Pelo menos momentaneamente.

Nós não "suportamos as injustiças com paciência" para ignorá-las ou para conseguirmos evitar lidar com elas. Suportamos as injustiças com paciência para possibilitar que o crescimento natural seja bem-sucedido, pois o crescimento forçado frequentemente fracassa no longo prazo.

Suportar as injustiças com paciência não significa não trabalharmos em prol da justiça. Significa simplesmente que devemos trabalhar em prol da justiça com justiça. Devemos servir de modelo para o que queremos dos outros.

Santa Teresa d'Ávila, cujas ideias foram muitas vezes obstruídas em vida, conhecia o poder da santa paciência. Ela escreveu:

Não deixe que nada o perturbe
Tudo muda
Somente Deus é imutável
A paciência atinge o alvo
A quem tem Deus, nada falta
Somente Deus realiza todas as
nossas necessidades.

A lição é clara: se avançarmos com paciência, teremos tudo de que precisamos espiritualmente, por mais justiça que devamos reivindicar enquanto avançamos.

Apenas com uma paciência ardente, podemos conquistar a cidade esplêndida que propiciará luz, justiça e dignidade a todos.

(Arthur Rimbaud)

Um coração pacífico

A paz, em um mundo empenhado na guerra e decidido a arrastar o resto de nós para ela, é um bem precioso. Mas não é fácil de se obter.

Faça o possível para evitar a guerra – pessoal ou pública. Faça o possível para tornar a paz real. Mas lembre-se de que a paz jamais vem do medo ou da ameaça. Esses dois fatores precisam ser combatidos, antes que a confiança, que é característica da paz, possa surgir.

A paz não é a aceitação do mal. Ao contrário, a verdadeira paz exige a resistência ao mal. Mas não por meios maléficos. Esse tipo de pacificação requer coragem, não poder; um tipo de força que utiliza o amor, em vez da coação para mudar o mundo.

É possível uma pessoa recusar a guerra, mas não é possível apenas uma pessoa estabelecer a paz. Para estabelecer uma paz verdadeira, são necessárias duas pessoas. Para resolver um impasse com outros, preciso perguntar a mim mesmo o que em mim o está alimentando.

Na base da paz está o respeito pelas tradições, culturas, talentos e boas intenções do outro. Tudo o mais é condescendente ou arrogante. O maior instrumento para a paz é a linguagem. Quando nossas palavras são gentis – por mais difícil que possa ser a mensagem –, a paz é possível. Quando nossas palavras são ofensivas, a paz entre nós jamais será real.

Levar as pessoas à reconciliação, evitar o que prejudica os outros, abrir nossos braços ao mundo – isso torna a mensagem cristã real. É tempo de pararmos de definir a paz como a ausência de guerra e começarmos a defini-la como a presença de Deus.

Não pode haver verdadeira paz sem justiça e sem resistência não haverá justiça.

(Arundhati Roy)

Um coração devoto

Há muitos livros escritos sobre o tema da oração, é claro, mas cheguei a um ponto em que duvido que alguém possa realmente "ensinar" alguém a rezar. Isso, imagino, é o que a vida faz. Podemos aprender fórmulas de orações, é claro, mas não aprendemos nem a função nem o propósito da oração até que a vida nos arraste a isso, sofrendo e indefesos.

Os teólogos do final do século XIX e início do século XX eram muito bons em dissecar as orações. Havia orações faladas, orações silenciosas, orações mentais, orações do coração e orações de união com Deus. Tudo isso me parece muito divertido agora. Eu estava tentando rezar exatamente da mesma forma como aprendi a manejar uma prensa móvel. Recorrendo ao manual. Em ambos os casos, descobri que a melhor forma de aprender é praticar por um longo, longo tempo.

O mais importante de tudo, no entanto, pelo menos para mim, era o parágrafo da *Regra de São Bento*, que orienta a comunidade monástica a manter as orações breves e que os monges saiam da capela em silêncio, de modo que todos os que desejarem permanecer para orações privadas possam fazê-lo sem interrupções. Nessas duas declarações simples, aprendi o bastante sobre orações para a vida toda:

primeiro, que para aprender a rezar precisamos fazê-lo regularmente. E segundo, que a verdadeira oração contemplativa começa quando a oração formal termina.

Em suma: rezar não é uma "técnica". É uma atitude mental, uma qualidade da alma e uma dimensão do cotidiano.

Jesus retirou-se a um lugar deserto e ali rezou.

(Marcos 1,35)

Um coração resoluto

Há diferença entre ter um propósito e ter um trabalho na vida.

Todos receberam algum tipo de aptidão, mental ou artística, intuitiva ou intelectual, que deve ser aplicada no mundo. Não é para ser nosso trabalho; é para ser nossa vida. Se o que gostamos de fazer e fazemos bem acontece de ser o nosso trabalho, sorte nossa. Se, por outro lado, nosso trabalho apenas auxilia a nossa capacidade de seguir nossa paixão, sorte nossa. Se temos um trabalho, mas não nos preocupamos em desenvolver nossa paixão, o azar não é só nosso, mas também do mundo, que depende de nós para a realização daquilo a que estamos destinados. Descobrir onde nos encaixamos, o que estamos destinados a fazer, o que o nosso coração busca, é tanto a tarefa quanto a medida de uma vida feliz.

A vida sem um propósito maior do que o eu é uma carcaça vazia. O propósito da vida é fazer algo com os outros, para os outros e por causa dos outros que torne o mundo um lugar melhor para estarmos, porque cada um de nós está nele.

Se quer saber como descobrir o verdadeiro propósito da sua vida, pergunte a si mesmo o que precisa ser feito e faça-o. O que é que você espera para este século? Um planeta sustentável? Um mundo onde todas as crianças tenham comida suficiente e moradia decente? Um mundo onde as mulheres sejam livres para tomar suas próprias decisões? A preservação dos oceanos? Um mundo sem guerra? O fim da poluição? Ótimo – mas o que você está fazendo para ajudar a realizar esse ideal?

Para encontrar o propósito da vida que mobilize nosso coração, nossa mente e nosso corpo, precisamos começar. Willa Cather escreveu: "Isto é a felicidade: ser absorvido por algo totalmente maravilhoso".

*A verdadeira felicidade não é obtida
por meio da autogratificação,
mas da fidelidade a um propósito digno.*

(Helen Keller)

Um coração questionador

A qualidade da vida como a conhecemos tem mudado radicalmente ao longo de nossa existência. Quando eu era jovem, o mundo – meu mundo – era uma fonte de respostas. Nós tínhamos respostas absolutas para tudo: quem ia para o paraíso e quem não ia. O número de planetas e como eles interagiam. A idade da Terra e como ela se desenvolvera. Mas agora tudo mudou. Agora, ao que parece, a vida é mais uma fonte de perguntas do que um catálogo de certezas. É o processo interminável de um universo em expansão e do conhecimento que se expande com ele. Nada, ao que parece, é agora imune a questionamentos.

Quando consideramos as respostas de ontem mais importantes do que as perguntas de hoje, falhamos tanto com o passado quanto com o futuro. Em primeiro lugar, o passado teve o seu tempo; em segundo lugar, destinava-se a preparar-nos para enfrentar o futuro.

Nunca se recuse a fazer uma pergunta, por mais importuna que pareça. Ao final, pode ser a única coisa capaz de nos salvar de nossa própria ignorância. Para continuar crescendo, é imperativo que continuemos fazendo perguntas, mesmo as proibidas.

Quando tentamos deter o pensamento impedindo as pessoas de fazerem as perguntas proibidas, só provamos a pobreza de nossas respostas. O que é verdade sobreviverá ao escrutínio – por mais inverdades que existam a nosso redor. Se uma ideia for de Deus – como o amor, a bondade, a receptividade, o respeito, a tolerância e a compaixão –, ela vicejará mesmo no ambiente mais ímpio.

Numa sala em que as pessoas mantêm unanimemente uma conspiração de silêncio, uma palavra verdadeira soa como um tiro de pistola.

(Czeslaw Milosz)

Um coração reflexivo

Todos crescem aprendendo a respeito de si mesmos com os outros. Como quando alguém diz: "Este é o Lucas, nosso filho mais velho. Ele é um preguiçoso". Ou "Esta é a Lisa, nossa filha mais nova. E também a mais espertinha". Ou, "Este é o Rogério. É o nosso filho mais inteligente". Estas são frases de que nos lembramos por toda a vida. Para o bem e para o mal.

A maior parte do que escutamos sobre nós mesmos daqueles que estão ao nosso redor, enquanto crescemos, provavelmente é verdade, pelo menos em parte. Mas o que é importante entender, enquanto crescemos, é que nada disso é totalmente verdade.

Há muito mais dentro de nós do que a maioria de nós sabe – ou se dá a oportunidade de descobrir. Vir a nos conhecer é a grande jornada do crescimento. Precisamos saber em que acreditamos, o que queremos e desejamos, antes mesmo de começarmos a ser alguém. Mas isso vem tanto da experiência quanto dos livros.

O autoconhecimento é que nos ensina o quanto ainda temos a aprender. É uma das lições mais difíceis da vida, sem a qual sucumbimos à arrogância e morremos de presunção. Isso sem falar da solidão.

Vir a nos conhecer e trazer o que somos à plenitude da alma é tarefa de toda uma vida. "Nossa verdadeira vida", escreveu Tagore, "está a uma grande profundidade dentro de nós". Somos, em outras palavras, muito mais do que pensamos ser, e é nessa pessoa que deveremos nos transformar.

Conhece-te a ti mesmo.

(Sócrates)

Um coração com cicatrizes

Se nos permitimos aprender com ele, o fracasso é um tipo de sucesso.

Deus não precisa punir o orgulho; o orgulho torna impossível aprender com outra pessoa. E a luxúria tornará o amor impossível. E a avidez tornará o contentamento impossível. E a cobiça tornará a serenidade impossível. E a ira tornará a paz impossível. Mas todos eles nos darão uma profundidade de compreensão que nunca teríamos obtido de outra forma. É o que aprendemos com nossos fracassos que nos leva a novos níveis de santidade.

Cair é ter a oportunidade de começar de novo, dessa vez com mais sabedoria. O fracasso não é o fim da vida. É o começo de outra forma de vida. A função do fracasso é levar-nos além do que se espera que seja possível.

O fracasso é a lição que me ensina que não sou autossuficiente. Ele me dá a oportunidade de reconhecer os talentos dos outros e confiar neles.

Tome cuidado com o vício da perfeição – ele nos engana ou nos derrota. Pode nos enganar, levando-nos a pensar que somos mesmo "perfeitos", ou pode precipitar um colapso, quando finalmente temos de admitir que não somos.

Quando finalmente começamos a nos sentir confortáveis com o fracasso, estamos livres para tentar tudo na vida. Tornamo-nos exploradores dos múltiplos caminhos para a felicidade que poderíamos não ter encontrado, se não tivéssemos fracassado em tantas áreas.

Na verdade, não existe fracasso. Existe apenas a oportunidade de encontrar mais de nós mesmos, mais da jornada para Deus, na vida. Ambos os caminhos exigem coragem.

Os pássaros traçam grandes círculos com sua liberdade. Como eles aprendem isso? Eles caem e, caindo, recebem asas.

(Rumi)

Um coração que busca

A busca por Deus chega um dia ao ponto em que sabemos, sem sombra de dúvida, que estamos imersos em Deus. Chegar finalmente a reconhecer isso é a tarefa essencial da vida.

Não existe "receber" Deus. O fato é que já temos Deus. Deus não está em outro lugar. Deus está em todos os lugares. Deus está aqui. Comigo. Em mim. Agora. É a consciência dessa presença que a vida pretende nos ensinar a cultivar.

Não há nada de errado em achar que Deus está ausente. Assim, pelo menos, sabemos que nossa alma está viva e indo na direção certa. O Deus da luz é também o Deus das trevas. Por que não esperaríamos que Deus, então, estivesse nos locais obscuros de nossa vida, tanto quanto nos iluminados?

Concentrar-se apenas em Deus não significa não ter nenhum interesse além de Deus. Significa compreender que todos os interesses se propõem a aproximar-nos de Deus. Não se destinam a tomar o lugar de Deus em nossa vida, mas a possibilitar que o espírito de Deus ressalte o significado de tudo o mais.

O ponto para o qual olhamos, além de nós mesmos, é onde encontramos a Deus no resto do mundo. Então, a vida transborda com a admiração de

Deus. Então, encontramos a plenitude do Espírito que estávamos buscando.

Uma vez que comecemos a reconhecer Deus atuando em nós, tudo na vida se torna sagrado, se torna estimulante. Então, Deus não é uma descoberta ocasional na vida – na igreja, talvez, ou num pôr de sol. Deus é um sentido da vida agora e da vida para além da vida. Deus é o que me chama a viver no coração do universo.

Busque a Deus, não onde Deus mora.

(Provérbios do deserto)

Um coração autocompreensivo

O eu é formado por uma experiência de cada vez. Escolher com sabedoria as experiências é muito importante na vida. Mas experiência sem reflexão é inútil. A pergunta constante na vida deve ser: o que aprendi com isso? É preciso uma boa dose de coragem para inspecionar as forças motivadoras do ego e, então, ganhar a liberdade interna necessária para redirecioná-las.

Conhecer a nós mesmos é o começo tanto da humildade quanto da liberdade. Depois disso, não precisamos impressionar ninguém além de nós mesmos. É a lição da vida. Quando aprendemos a ser mais amanhã do que fomos hoje, estamos a caminho de ser livres para continuar nos tornando sempre mais nós mesmos.

Quando somos livres o bastante para nos recusarmos a permanecer sendo o que sempre fomos, estamos prontos para amar outra pessoa. A liberdade para ser quem se é torna possível amar outra pessoa e merecer, em troca, o seu amor.

Até que nos tenhamos tornado melhores como pessoas, não somos realmente capazes de sermos bons para mais ninguém. Os bons relacionamentos nos libertam para nos tornarmos melhores como pessoas; eles não nos escravizam às exigências ou dependências dos outros.

O que quer que sejamos continuará a fervilhar dentro de nós – por mais que alguém tente contê-lo, por mais que nós mesmos tentemos ignorá-lo. Pode levar uma vida inteira de estradas secundárias para encontrarmos as estradas principais do coração que nos levam para casa, completos e inteiros, satisfeitos e contentes.

Descubra quem você é e seja.

(Píndaro)

Um coração silencioso

Silêncio é onde devemos ir quando queremos ser pessoas verdadeiramente espirituais. Só lá Deus fala ao coração. Mas, aprender como e quando se manter em silêncio – e quando não –, é uma grande arte espiritual.

O silêncio duro e amargo se recusa a dar à outra pessoa a oportunidade de mudar a atitude que me magoou. Recusa-se, também, a me permitir entender as necessidades das pessoas ao meu redor. O silêncio suave e flexível permite que os outros falem. Mais do que isso, possibilita-me ver o mundo sob o ponto de vista de outra pessoa.

O silêncio calmo e receptivo atrai as ideias daqueles que me cercam. Dá a eles dignidade e valor. Revela-me outro lado da minha personalidade.

O silêncio que é covarde parece concordar com todos, mas, no final, contribui mais para a divisão do que para a unidade. Não questiona nada, não entende nada, não promove nenhum tipo de avanço. Está mais ligado à segurança do que ao crescimento. Como diz certo grafite: "Às vezes, o silêncio não é ouro – é só amarelo".

O silêncio exige que prestemos atenção ao tumulto dentro de nós. Recusa-se a nos permitir ignorar nossas próprias grandes questões na vida. O silêncio que tenta esconder nossos segredos de nós mesmos só corrói nossa própria alma.

Não há virtude em manter silêncio diante da injustiça. Esse tipo de silêncio só nos torna cúmplices ou escravos daqueles que se recusam a permitir que outra verdade seja dita. O silêncio que mantemos na companhia do mal é mau. A verdade proclamada a partir do centro ardente da caverna do silêncio é sempre uma dádiva.

Ensina-nos a cuidar e a não cuidar.
Ensina-nos a ficar quietos.

(T. S. Eliot)

Um coração simples

O fato é que chegamos ao mundo de mãos vazias e saímos da mesma forma, então, por que passamos tanto tempo da vida tentando adquirir bens? A necessidade de possuir bens e controlar os outros é traiçoeira. É um vírus no coração que nos condena à inquietude e ao descontentamento. Significa que nada jamais é bom o bastante para nós. Perdemos a bela arte de "relaxar" e a liberdade que dela advém.

Desejando pouco, não há nada que possa ser tirado de nós. Quando passamos a vida tentando adquirir aquilo de que não precisamos e que raramente usamos, desperdiçamos nossas forças em coisas que nem ampliam nossa alma nem satisfazem nosso coração. Olhe a seu redor. Você tem tudo de que precisa? Então por que está se exaurindo na tentativa de obter mais? Aprenda a desfrutar o que possui e terá tudo o que a vida tem a dar.

A simplicidade não é a arte de reduzir o mundo ao básico, sem razão de ser. É a elevada arte de considerar tudo o que existe e extrair apenas o que constitui beleza real, apoio genuíno e avaliação verdadeira de tudo na vida.

Simplicidade é honestidade, sobre a vida, sobre nós mesmos. Ser quem somos, em vez de nos tornarmos quem todos os outros dizem que devemos ser, é a simplicidade suprema. Nada é mais difícil de adquirir na vida.

A pessoa simples não empina o nariz, não exige nenhuma atenção especial, não domina as conversas, vive com serenidade e responsabilidade, e, além disso, quase nunca exige o melhor de qualquer coisa, quanto mais de tudo.

Aqueles que têm gado, têm cuidado.

(Provérbio queniano)

Um coração estável

A estabilidade é a bússola do coração. Ela mantém nossa alma apontando para o que nos dá direção e realização. Entregarmo-nos a um objetivo inalterável, totalmente determinado, não é fácil, mas é crucial, se quisermos realmente viver, em vez de simplesmente continuarmos respirando.

É a definição do sonho a partir do velho cotidiano que define a verdadeira estabilidade. Não é algo totalmente físico. É a determinação de seguir o sonho primevo aonde quer que ele leve, o que quer que custe.

A estabilidade não é uma falsa escolha entre ficar aqui ou ir para lá. É a dura escolha que devo finalmente tomar entre ser quem sou e fazer o que se espera que eu faça. Uma das funções da estabilidade é mergulhar-nos nas responsabilidades do presente, para obter de nós um compromisso com o futuro. A estabilidade não é outra palavra para "reclusão". É um sinônimo de envolvimento com o aqui e o agora.

Apenas aqueles que têm um coração estável, uma alma com uma clara meta em vista, serão capazes de arriscar mudar de trabalho, objetivos, pensamentos e do que eles chamam de lar.

A estabilidade é o lar do coração. É o que possibilita que nos movamos para onde o coração está indo. No fim das contas, a estabilidade nos liberta, porque nos enraíza tão profundamente em algo, em algum lugar, que, independentemente do que acontecer, enquanto tocamos a vida, não há nada capaz de nos deter.

Para se formar solidamente em alguma coisa, é preciso estar profundamente arraigado a isso – um relacionamento, um sistema, uma disciplina, um trabalho – durante anos. A estabilidade é o aprendizado da vida.

*O enraizamento talvez seja
a necessidade da alma humana
mais importante e menos reconhecida.*

(Simone Weil)

Um coração confiante

Quando as tempestades da vida se abatem sobre nós, nossa primeira tentação é abandonar a vida, para nos libertarmos desse "vale de lágrimas". Não temos tempo para as trevas, não gostamos da dúvida. Queremos a vida sem nenhum tipo de limite. Mas a limitação pode ser exatamente aquilo que nos leva a criar nosso novo e melhor eu.

Quando entendemos que as tempestades são parte da vida, não interrupções da vida, podemos enfrentá-las com verdadeira tranquilidade, fortalecendo-nos o tempo todo. Não é bem melhor morrermos inteiros do que desenvolvidos apenas em parte?

As tempestades da vida são o que nos leva a buscar ajuda. Isso não é fraqueza; é simplesmente a admissão de que cada ser humano precisa estar ligado ao resto da raça humana. Nunca deixe de pedir ajuda quando precisar. Aqueles que engolem uma pedra se transformam em pedra. Quando insistimos em negar nossas necessidades, negamos a nossa própria humanidade, a tal ponto que um dia acordamos e não somos mais realmente humanos. Somos apenas blocos de pedra, onde o calor, a alegria e o crescimento deveriam estar.

Às vezes, só olhamos para Deus quando estamos em meio a uma das grandes tempestades da vida. Nesse caso, abençoadas sejam essas grandes tempestades.

Uma vez que tenhamos sobrevivido a uma das grandes tempestades da vida, entendemos que podemos sobreviver a todas elas – não porque Deus interveio para nos salvar, mas porque Deus nos deu força para salvarmos a nós próprios.

Deus sempre cuida de nós, mas ele nem sempre cuida de nós da forma como queremos. E, no fim, talvez descubramos que aquela era a melhor forma de cuidado que poderíamos ter recebido.

Mestre, não te importa que nos afoguemos?

(Marcos 4,38)

Um coração verdadeiro

Quando escondemos a verdade que está dentro de nós, escondemos a parte de nós com a maior probabilidade de contribuir com algo valioso para o resto do mundo. Para morrermos plenamente vivos, é necessário proclamarmos nossa verdade diante de outras verdades, ficarmos sozinhos quando só ficando sozinhos podemos definir toda a amplitude de pensamento sobre um assunto, ou sermos capazes de utilizar, na solução de um problema, a sabedoria adquirida em outro.

A independência de pensamento é comprada a alto custo: exige que sejamos capazes de confiar em nossos próprios motivos para falarmos. Exige também a capacidade de aprender com o pensamento dos outros. De outro modo, condenamo-nos a ser o clone de outro ou simplesmente uma cópia imatura de nós mesmos.

É o medo do outro, não nossas dúvidas sobre a verdade, que costuma amordaçar nossa alma. Mas há limites. "Antes dos vinte anos", escreveu o humorista, "eu me preocupava com o que meus professores iriam pensar de mim. Quando tinha vinte anos, me preocupava com o que meus pais iriam pensar de mim. Quando tinha trinta anos, me preocupava com o que meu patrão iria pensar de mim. Quando tinha quarenta anos, me preocupava com o que os vizinhos iriam pensar de mim. Mas, quando cheguei aos cinquenta, descobri que ninguém se importava realmente comigo".

Não tenha medo de falar. Tenha medo do que acontecerá com a verdade, se você não o fizer.

A verdade vos libertará.

(João 8,32)

Um coração desacorrentado

A vida é composta de muitas partes. Quando permitimos que uma parte dela se torne o todo, as outras partes de nossa alma se atrofiam. Andamos, então, por aí semimortos, sem nem mesmo perceber isso.

As partes da vida que não desenvolvemos são as que nos chamam mais claramente a nos tornarmos mais do que somos. É quando mergulhamos no resto da vida que mais crescemos. Ficar obcecado por algo significa bloquear nosso crescimento em um pequeno instante no tempo. Deixa-nos respirando, mas não vivos.

A estreiteza de visão, por exemplo, é um tipo de obsessão. Quando nos recusamos a pensar que alguma coisa poderia ser feita de modo diferente, nós nos aprisionamos em um único período da vida enquanto nossa mente cria bolor.

Quando o coração está aberto, a mente é livre para atingir o seu máximo. Quando perdemos aquilo sem o qual achamos que não podemos sobreviver, estamos finalmente livres.

Todos vivemos à beira da obsessão em relação a algo que nos hipnotiza, nos cativa e, finalmente, falha. Uma das questões-chave da vida é: o que há em nós que captura nossa alma, nossos pensamentos, nossos sentimentos, tornando impossível a consciência das outras partes da vida?

Esta é a pergunta de que depende o amanhã. O difícil é que cada um de nós precisa responder por si mesmo.

Só uma coisa o fazia feliz
e, agora que se fora, tudo o fazia feliz.

(Leonard Cohen)

Um coração compreensivo

O nível mais baixo de humanidade é exigir razões para o comportamento de uma pessoa. O nível seguinte é aceitar desculpas. O nível mais alto de humanidade é entender a profundidade dos motivos de uma pessoa, por mais desconjuntados que possam ser, e amá-la apesar disso.

Mas desenvolvemos a compreensão lentamente. Parece ser um subproduto da experiência, um gesto de diversidade, uma aceitação da falibilidade.

É quando começamos a entender a nós mesmos – nossos próprios medos, nossos próprios demônios, nossas próprias lutas – que temos mais facilidade para entender os outros. Quando tivermos sofrido o bastante para entender o sofrimento dos outros, ficamos mais próximos da paz, mais perto da justiça, mais prontos para amar do que jamais estivemos antes.

Uma vez que tenhamos entendido que todos estamos fingindo ser o que jamais poderemos ser – perfeitamente únicos e unicamente perfeitos –, então poderemos finalmente abrir espaço para o crescimento gradual que é a vida. É só quando nos recusamos a aceitar a totalidade da condição humana que rejeitamos aos outros e desprezamos a nós mesmos também.

Como disse C. S. Lewis: "A amizade nasce naquele momento em que uma pessoa diz à outra: 'Como! Você também? Pensei que eu era o único!'". Todos somos capazes de tudo porque todos somos feitos do mesmo material inerentemente imperfeito – a humanidade.

Ser compreensivo é nos abrirmos à vulnerabilidade – e, portanto, à santidade incipiente – do mundo.

Queremos que as pessoas sintam conosco, mais do que ajam por nós.

(George Eliot)

Um coração sábio

No Livro de Provérbios, somos instruídos a "tornarmo-nos sábios". A sabedoria, em outras palavras, não é um dom recebido gratuitamente. Precisamos desenvolvê-la. Somos, então, instados a buscar o sentido da vida, a entender que a vida não é uma série de acontecimentos. A vida é uma série de aprendizados. Sabedoria é o que devemos recolher de cada acontecimento na vida.

A sabedoria é a profundidade de alma que nos permite entender o que deve permanecer em nossa vida quando tudo o mais – o trabalho, a saúde, a segurança, o entusiasmo – se vai, como todas as coisas um dia, inevitavelmente, irão. Lin Tang disse: "A sabedoria da vida consiste na eliminação do que não é essencial".

Aquilo em que acreditamos espiritualmente é o que nos sustenta na vida. É o poço de sabedoria ao qual devemos recorrer. Devemos ter cuidado ao buscar a sabedoria para não confundir o espiritual com o religioso. A rigidez e a hipocrisia religiosas destruíram muitas coisas na vida. Só aquilo que nutre o verdadeiramente espiritual em nós, a busca pela presença de Deus em cada pequena dimensão da vida, é a verdadeira sabedoria.

Se, quando morrermos, a beleza tiver tocado nosso centro silencioso, o amor tiver assaltado nosso coração e a Palavra de Deus tiver penetrado em nosso coração, seremos tão sábios quanto qualquer ser humano pode almejar ser.

Os anos ensinam muitas coisas que os dias desconhecem.

(Ralph Waldo Emerson)

Rua Dona Inácia Uchoa, 62
04110-020 – São Paulo – SP (Brasil)
Tel.: (11) 2125-3500
http://www.paulinas.com.br – editora@paulinas.com.br
Telemarketing e SAC: 0800-7010081